改訂新版

新 自治会・町内会 モデル規約

条文と解説

中田 実
山崎 丈夫
小木曽 洋司
著

自治体研究社

はしがき

まちづくりに住民の声が反映されるべきとの意見は、もはやだれもが認めるものとなっています。私たちは住民主体のまちづくりを地域共同管理と規定し、それを担う主体はだれか、その主体はいかに形成されていくものかを、これまで追求してきました。そして、わが国にあっては、自治会・町内会が、その抱える問題は大きいとしても、住民自治の確立にとって基本にすえられるべきものと考え、そのために取り組まなければならない諸課題の検討をすすめてきました。その成果は、『これからの町内会・自治会』『町内会・自治会の新展開』『地域コミュニティ論』（山崎丈夫）、『地域分権時代の町内会・自治会』（中田実）等（いずれも自治体研究社刊）として、すでに発表してきたところです。

近年、自治会・町内会への加入率の低下や活動の担い手不足が全国で問題となっています。また、福祉や防災を中心に新たな課題が現われ、その中で、行政との関係についても住民の役割が強調されるようになっています。その背景には、公的福祉の後退と、その担い手を国から市町村に移していく動きがあります。また、新自由主義的政策の強行で社会格差の拡大が進み、単身での子育てや老々介護、介護退職などを余儀なくされ、そのストレスの強まりから、育児・介護放棄などの虐待事件も後を絶ちません。これらの事件は地域のただ中で起きていて、近隣住民としても、自治会・町内会としても、何かしてあげられなかったかという思いも強いのですが、さて具体的に何ができるかということになると、そう簡単ではありません。いまは世帯規模が小さくなり、自治会・町内会の力量も低下しているからです。地域では、近年、社会福祉協議会や地域包括支援センターの活動が重要になっていますが、これらの組織・機関と自治会・町内会との連携はまだ不十分です。福祉関係のＮＰＯの活躍も見られますが、これらと地域組織との関係もまだ疎遠なままといってよいでしょう。

福祉関係の取組みは、どちらかというと組や班という狭域レベルの課題なのですが、他方で、地域分権化の動きとともに、自治会・町内会と地域諸組織を学区等の広域レベルで協議会等に糾合して、組織・活動の強化を図ろうとする自治体も出てきています。

さらに、一九九一年の地方自治法改正で導入された地縁団体の法人格の認定は、二〇一三年四月の時点で、全国で四万四千余の団体に及んでいます。二〇一三年の六月には、地方自治法の改正があり、認定条件が緩和されましたので、認定を申請する自治会・町内会はさらに増加すると考えられます。

こうして、長い伝統をもつ自治会・町内会ですが、いま、一つの転換点に来ているように思われます。不安と期待の、いわば板挟みになっている状況を打開していくためには、その組織と活動のあり方の再検討・再構築が求められています。こうした見直し作業の中で、あるべき組織像にかかわって、規約についても修正・補強が必要となることも考えられます。また、上述の、地縁団体の法人格認定の申請には、規約の提出が必要です。こうした状況のもとで、新たな時代を切り拓いていくために、あらためて規約を検討しようとするときに、そのモデルとなるものを提供しようとするのが、この本の目ざすところです。

本書は、一九九一年に『町内会・自治会モデル規約』の書名で刊行され、二〇〇四年に改訂して『新 自治会・町内会モデル規約』と書名を改め、二〇〇八年、その二刷の折に一定の手直しをしましたが、今回、現代の課題をふまえて大幅な改訂を行いました。

これまで同様、規約検討の折だけでなく、自治会・町内会という組織や制度について考えてみたいという時にも、ご参照いただければ幸いです。

二〇一五年一二月

著　者

目次

前文

自治会・町内会は地域社会を代表する住民組織である。住民の生活環境を維持・発展させていくために、自ら地域の問題を提起し、話し合いの場をもつことは住民にとって必要であるばかりでなく、住民の権利である。この権利を行使することによってのみ住民は地域の主人公たりうる。自治会・町内会はこの権利を行使する方法であり、住民自治を日常的に担う組織である。私たち住民は、だれもが自主的にこの活動に参加することが保障され、その活動を通して豊かで住みよいまちづくりがすすむことを願って、この会の運営ルールをここに定める。

地域社会は個々の住民にとって、個人の住居や公共的な施設が存在する「場所」というだけでなく、子どもが育つ生きた教育の舞台であり、住民が、たとえ一時的であったとしても、人生を形づくる町や村という社会です。そうした意味で、地域の物的環境と人間関係は何気ない毎日の生活を深く規定します。その両面で、地域社会は高度成長期以後大きく変化してきました。新しい住民が増えて、見知らぬ人が多くなり、自然や町の景観が全く違ったものになってきています。職住分離がすすみ、生活が「便利」になるにつれて、個人の生活と地域社会を一体のものとして考えることが難しくなってきました。しかし今日では逆に、個人の生活の向上のためには地域社会を総合的に充実改善していくことが必要であると意識され始めています。

第一に、現代の個人の生活は行政や企業が提供するさまざまな社会的な生活諸条件を共同で利用することによって成り立っています。したがって個人の生活の問題は地域住民全体の生活の問題として考えなければならなくなっています。第二に、「豊かな暮らし」ということがどのような「家」に住みたいかということだけでなく、生活環境としてどのような地域社会を望むかというように、人々の視野が広がってきています。こうした変化を背景に自治会・町内会の中心的役割は安心・安全の快適なまちづくりであると、意識されてきました。

「住民自治」や「住民参加」の基本は、住民による地域環境の自主的共同的管理です。それは権利ととらえるべきもので、この前提が抜け落ちる時、自治会・町内会は行政の下請け組織としてしか意識されなくなります。さまざまな地域課題にたいし、住民と行政のそれぞれが何をどうすべきかは、基本的にはそこに住んでいる住民が決めることなのです。

自治会・町内会は、地域の実情にそって地域づくりや地域の諸問題に柔軟に取り組む住民組織です。しかし住民の移動性の高まりや高齢化、ひとり暮らし世帯の増加など、構成員の変化（多様化）があり、旧慣による運営方法は、こうした住民層にとってハードルの高い参加条件になってきています。そこであらためて自治会・町内会がもっている相互に支えあう役割を確認し、現状に合った運営方法を工夫するために規約の見直しをする必要が出てきています。

ここでは、自治会・町内会の精神を簡潔に宣言するものとして「前文」を置いてみました。規約づくりは、生活が多様化してきた住民全員が地域社会の管理と形成（まちづくり）に参加する道をさぐることであり、自分の住む地域社会を見つめ直すことなのです。その決意のほどを「前文」にまとめて宣言したらどうでしょうか。

第一章　総則

第一条　名称
この会は、○○自治会（または町内会）と称する（以下「会」という）。

名称は、自然や歴史も含めた地域社会の個性とそれを支えている住民の自治的関係を表わすのにふさわしいものであるべきです。この場合、まず第一に、一定の地域の住民全員をまとめて代表する組織を表わすという意味で、普通はその地名が使われます。これまで再開発や区画整理によって古い地名が公式的にはなくなっていくケースを数多く見かけますが、古い地名は過去の住民の生活や環境を偲《しの》ばせ、したがってまた現在の地域生活の成り立ちを理解するうえで手がかりになるものですから、会の名称としても尊重したいものです。

第二に、自治会・町内会という名称は住民の自治組織を表わすものであって、分譲住宅の管理組合とは性格を異にするということです。団地やマンションにおいてこれら二つの組織が重なっている場合がありますが、基本的に管理組合の目的は物的な共有（区分所有）施設の維持・管理に限定されています。つまり「区分所有」を前提にした共通の立場から組織されているのです。それにたいして自治会・町内会は、「住む」ということのみを共通項に組織されています。つまりそこにはさまざまな住民が含まれており、それゆえにとりあげる問題には特に限定がありません。住民がみんなの問題と考えれば、多様な問題をとりあげうるのです。このことが自治会・町内会の自治組織としての柔軟性を保障しているのです。

第三に、自治会と町内会のどちらを使うのかという問題です。総務省の全国調査（総務省「地縁による団体の認可事務の状況等に関する調査結果」二〇一三年四月）によれば、住民自治組織の名称および数は**表1**のようになっています。これによると「自治会」が最も多くて四三・八％、次いで「町内会」が二二・三％となっています。これは戦後、数多くの新興の団地や住宅地ができ、これらが「自治会」を名乗ってきたことの現われでしょう。部落会は従来からの農村集落がもっている名称ですが、近年急減しています。「区」や「区会」というのは明治の市町村制ができたとき、その末端となった行政区画を引き継いでいるものでしょう。

表 1　地縁団体の名称（2013年 4 月 1 日現在）

（単位：団体、％）

区分	自治会	町内会	町会	部落会	区会	区	その他	合計
団体数	130,921	66,637	18,577	5,746	4,166	37,778	34,895	298,700
構成比	43.8	22.3	6.2	1.9	1.4	12.7	11.7	100.0

資料：総務省「地縁による団体の認可事務の状況等に関する調査結果」
出所：第 5 回共助社会づくり懇談会意見交換会（事務局参考資料）

以上のように名称はそれぞれの成立した時代と地域特性を反映しています。戦後「自治会」という名称が多く使われたのは、新しい住宅地が開発されて、そこに住み始めた住民が戦後の民主主義制度のもとで育った若い世代であったことを反映したものと思われます。しかし他方で「自治会」という名称には機能的な付き合いの響きが強く、「冷たい」と感じる人もいることでしょう。自治会や町内会以外の名称を使っている地域は、歴史のある地域的個性を表わすものとしてその名称を大切にすべきでしょう。

組織の名称は、その名称になじんで住民が結集しやすいものであることが必要です。

第二条　会員
会は、○○地域の住民の世帯および事業所をもって構成する。

会員は居住者の全住民（加入単位は世帯）と事業所です。近年、単身世帯、なかでも高齢者のそれが急増していますが、他にも独身志向、少子化、離婚の増加など価値観の変化やセカンドハウスの増加など居住形態の変化によって、世帯の多様化がすすんでいます。こうした世帯の形態変化はさまざまな生活のリズムやサイクルを地域社会にもちこんでいます。今後の地域社会はこうした住民生活の多様性を前提とし、バラバラで困るというのでなく、むしろこの違いをまちづくりの大きなエネルギーとして吸収していかなければなりません。そのためには一律でない、住民相互の豊かで多様な結びつきと協力関係とを柔軟に生み出していく必要があります。

「会員」を考える場合、以上のような状況をまず確認することが重要です。

ワンルームマンションの居住者は若い独身者が中心ですが、このような居住のあり方にたいする不安は、違法駐車、夜間の騒音、ごみ問題、風紀の乱れといったものです。歴史的にみれば、若い人たちはむしろ地域社会から疎外されてきました。かれらには地域社会の成り立ちや住民の努力が見えず、地域に無関心であったり、隣人を疎《うと》ましく思ったりしています。そのことによってかれらは自立した住民とは見られず、排除されるという悪循環に陥っています。しかし近年、若い人たちだけでなく、ひとり住まいの住民は増えています。したがって問題解決のためにはこういった人たちを排除するのでなく、住民としてのルールと市民としての義務を共有するための働きかけを通じて、受け入れる方向で考えるべきでしょう。人口の高齢化にともない独り住まいの人たちは必ずしも流動性の高い人ばかりではありません。住民による援助（見守りなど）と対話のあり方が模索されていくべきでしょう。

外国人居住者の受け入れも大きな課題ですが、対応の一例として愛知県H団地（公団住宅）の場合を紹介しておきます。公団住宅の賃貸しによる社宅化（寮化）が急速にすすみ、そこに単身者の外国人居住者が増え、近隣とのトラブルや住民の不安が起きているというケースです。自治会は公団、関係企業、市と協議をすすめ、①無責任な賃貸しのチェック、②居住者名簿の提出と部屋の責任者の明示、③責任企業による生活ルールの教育、④自治会費の納入、⑤ごみ収集場所への外国語による説明板の設置など、住民の一員として受け入れる方向で対処しています。

最後に、会員は住民個人でも加入は世帯単位としていますが、その基本的な考え方は、世帯が居住単位であるということです。居住単位の意味は、その世帯が維持管理している家屋（賃貸であろうと持家であろうと）があるということです。世帯は地域の一定の空間を占め、地域空間の基本的単位として存在し、そのことによって地域生活の基本的単位をなしているのです。事業所も同じように一会員とみなすことができますが、規模や関係のあり方によって賛助会員扱いにすることもできます。いずれにせよ、会員には、合意にもとづくルールやまちづくりの方向にそって日常生活の仕方をコントロールしていくことが求められます。それは会員としての基本的な義務であり、自治会・町内会が存在する意味そのものです。

第三条　事務所

会の事務所は、○○に置く。

事務所は、対外的には文書を発送したり受け取ったりする窓口であり、対内的には会務を処理していく場所です。それゆえ、会の過去からの活動記録や関係書類が保管されている場所でもあります。住民が地域情報を得る公的な場所という意味で、事務所の第一の役割は情報機能です。行政の情報公開制度の整備がすすんでいますが、それは、自治体情報へのアクセスが住民の政治参加の基本的条件として考えられているからです。「知る権利」を保障する仕組みです。住民の自治活動においてもその事情は変わりません。したがって文書の継続的な保管と情報の提供は今後ますます重要になっていくでしょう。

地域に公民館や集会所があり、そこに十分な広さの事務所が確保できれば、その施設の名称と所在番地を記載します。そうした施設がない場合には、事務所を「会長宅に置く」とします。会長の家族の協力により、事務員が常駐していない事務所より連絡がつきやすいという利点はあるのですが、家族にとっての迷惑は別としても、次のような難点があります。つまり、会長個人の文書と公的文書が混じってしまったり、会長の交代によって事務所が動き、活動記録の整理と蓄積が難しくなることです。つまり事務所を会長宅に置くと、公的な対応と私的な対応の境界が不明確になりやすいということです。だからといって現実的に施設がない場合は仕方がないわけですから、その場合には、たとえば学区の集会所に各町内ごとのロッカーを置くなどして文書を保管したり、書記の役割の一つとして文書整理を明確化したりする工夫が必要でしょう。

第二に、事務所の役割としてあげられるのは会議場所としての集会機能です。ここでいう集会機能とは、主に役員会と専門部の会議を念頭においています。役員会は、月に一回とか二回というように定例化されているのが一般的です。また専門部の会議は、年間行事のスケジュールにしたがって会議開催の期間が集中する傾向にあります。全体的に見て会議開催がかなりの頻度になるところもあるでしょう。その開催を物的に保障するのが事務所です。したがって事務所があるところはいいのですが、個人宅で会議を行わざるをえないところでは、住宅事情によって会長になれないとか、会議が限定されることになります。公的な施設や社寺を借りたり、喫茶店に集まったりするところもありますが、利用規定や日程、時間、さらには料金の問題がありますから常に利用できるわけではありません。したがってここでも個人宅と公的施設での開催を組み合わせたりする苦労がつきまといます。

第三に、連絡機能です。連絡の種類には役員間、役員と班長（組長）の間、その他があります。また、それぞれ定期的なもの、不定期的なものがあります。電話による連絡網がつくられているところもありますが、連絡は事務所を介して行った方が便利で、役員の労力を減らす場合もあります。ファクシミリやEメールの活用も広がってきています。

以上のように事務所は会の活動を物的に支えるものです。それだけに事務所がもてないことは、会の発展にとっても深刻な問題となります。とくに都市部でコミュニティセンターなどへの住民の要望が高いことの背景には、こうした問題があるのです。住民、行政双方にとっての課題といえます。

第二章　目的および事業

第四条　目的
この会は、会員相互および会内外の諸団体との協力・協調のもとに、会員の教養を高め、福祉を増進し、地域生活環境の整備や防災などに努め、行政との協議・協力をすすめつつ住民のためのまちづくりを行うことを目的とする。

第一条で述べたように、自治会・町内会は「住む」ことを契機に組織される住民自治組織です。したがって、その目的はよりよい生活環境と社会関係を共同でつくりあげていくことであり、とくに課題が限定されているわけではありません。住民が問題として取り上げることに合意したら、それが自治会・町内会の課題となりうるわけです。それが、自治会・町内会が包括機能をもつ集団だといわれるゆえんです。それゆえ、目的を条文にすると抽象的にならざるをえません。

ここでは、わが国社会の今後の課題を展望し、そのなかで地域社会の果たすべき役割をふまえて、「教養」（生涯学習をすすめる課題）、「福祉」（少子・高齢化に対応する課題）、そして「環境・安全」（アメニティの増進と防災対策の課題）を取り上げ、それらをまとめて「住民のためのまちづくり」と表現しました。しかし現実の自治会・町内会の組織・活動はそれぞれの地域ごとに個性のある多様なものです。こうした多様性は地域的条件や住民構成によって規定されるとともに、住民自身の創意・工夫にもよります。ですから実際に「目的」の条文を考える時には、その地域の具体的な課題や活動を考慮して重点の置き方を検討したり、特別な課題があるときはその項目をあげておくとよいでしょう。

自治会・町内会の集団としての特徴は、機能が包括的ということですが、その機能を地域共同管理機能と規定することができます。会の事業の基本的な要素は次の第五条の説明で述べますが、地域共同管理という場合、条文上の重要なポイントは、「住民のためのまちづくり」というところと、「行政との協議・協力をすすめつつ」この活動をすすめるというところです。すなわち、これからの自治会・町内会はまちづくりの基本的担い手としての位置と役割をどのように果たしていくのか、またそのために行政とどのように協働していくのかが現代的な課題だといえます。

住民主体のまちづくりが強調されるのは、生活の豊かさが地域社会の環境と文化の問題でもあることが認められてきたからです。生活の豊かさは総合的なものであり、その総合性を考え、担えるのは生活者である住民自身以外にありません。そうした住民の主体的な自治活動がタテ割行政を克服し、住民生活を支える行政をつくっていく鍵《かぎ》となっています。

これまで地域の生活環境の維持管理の課題は、急激な社会変化ゆえに個別的、後追い的な対応からなかなか抜けでることができないできました。そうした事態に、住民は個人的対応か行政にたよらざるをえない状況においこまれてきました。超高齢社会が現実のものとなった現在、社会関係や地域文化を含め地域の生活環境に関する課題を住民自身が自主的総合的に考え、対応していくことが、まちづくりのための大きな課題となってきているのです。

第五条　事業
会は、前条の目的を達成するため、次の事業を行う。
⑴　会員相互の親睦に関すること。
⑵　専門部活動に関すること。
⑶　会内外の各種団体との連絡調整に関すること。
⑷　行政情報の活用および行政との連絡調整に関すること。
⑸　所有する資産または受託した施設の管理および運営に関すること。
⑹　地域の将来計画の作成に関すること。
⑺　その他会の目的達成に必要な事業。

事業は第四条の目的を一般的な形で具体化したものです。
⑴の親睦は、「名称」のところでもふれたように自治会・町内会をイメージするとよく使われる事業です。過去においては、親睦組織なのだからという理由で異なる意見が言いにくくなることもありました。しかし、現在は別の意味で重要な活動

です。同じ地域に住む人が知り合うこと自体が、都市部に限らず課題となっているからです。地域の人と人を広く結びつける活動といえます。

⑵専門部の活動、⑶各種団体との連絡調整は、それぞれ第一四条、第一五条で述べます。

⑷行政との関係は、従来から自治会・町内会の本質規定とかかわって問題とされてきたところです。現代生活は、個別化していけばいくほど、その生活基盤を社会的公共的サービスに依存していきます。それゆえ、私たちの生活は制度的にも行政との関係がますます強まらざるをえません。したがって、地域の生活環境改善の課題は、住民と行政の「共同事業」としてのまちづくりをどう推進していくかという方向で設定しなければなりません。「行政まかせ」という考え方は成り立ちにくくなっています。「前文」の項で説明したように、住民の自主的な地域共同管理がこの「共同事業」の前提であることを確認しておきたいと思います。行政の制度的な専門知識や資源と地域条件に対応した住民の自治能力をどう結合させていくか、個別課題に即して検討し具体的方策を積み上げていく必要があります。

⑸資産・施設管理の問題です。土地や集会施設を所有する自治会・町内会もかなり

多く、それらの自治会・町内会は、以前から資産の管理を行ってきました。一九九一年に、会が所有する不動産について会の名義で登記できる制度もできました（第二二条参照）。また、公立のコミュニティセンターなどの管理運営が自治会・町内会等に委託されることも増えてきましたが、地方自治法の改正により、指定管理者制度が導入され、株式会社等との競合が新たな問題になっています。

(6)地域の将来計画に関しては、現実的に住民の合意による地域計画づくりが法制度的（都市計画法の「地区計画制度」）に保障されています。地区計画を具体化するために、「まちづくり条例」の制定もすすめられ、建築規制を含め、住民の合意による詳細な地域計画を市町村計画と連動させることが可能になっています。地区総合整備事業にはすでに多くの事例がありますが、①住民が求め描く地域像が基礎であること、②住民と行政の共同事業であることが重要であることを確認しておきましょう。

(7)その他に関してはさまざまなことがあるでしょうが、注意したいのは特定の利害と結びつかないことです。政治、宗教、営利に関することはとくに注意が必要です。

第三章　役員

第六条　役員の種類
会に次の役員を置く。⑴会長一名、⑵副会長○名、⑶書記○名、⑷会計一名、⑸会計監査○名、⑹組長・ブロック（棟）長○名および⑺専門部長○名

自治会・町内会のような比較的規模の小さい組織では、どういう人が役員になるかによって、会の雰囲気や活動の仕方ががらりと変わることも起こります。明るい雰囲気でワイワイいいながら面倒な仕事もやりとげることもあれば、凡帳面にやってはいるのですが、あまり議論もなく事務的に運営され、「時間がかからなくていい」と評判は悪くないものの、なんとなく任期が早く終わることだけを待ちのぞむような張り合いのないこともあります。ときには、役員のなり手がないことをいいことに自分の思い込みだけで会の運営をしたりすることもあります。自治会・町内会が住民の自治的組織として民主的に発展していくためには、役員組織の問題はき

わめて重要なポイントであることを強調しておきたいと思います。

役員会は、会員の意見を聞きながら会の目的の実現をはかる機関です。そのためには、対外的に会を代表し、組織を維持し、活動を行い、専門的力量を養いつつ会員からの意見の吸い上げや会員への伝達などがスムースに行いうる構成であることが必要です。それらの機能を遂行するための役員の種類は、条文のようなものになるでしょう。なお、法人格を有する会の場合は、代表者の変更のたびに、市町村に届けることが要件になっています。

まず、会長、副会長、書記、会計の四役は、人数を別にすれば大体どの組織にも共通するものです。自治会・町内会の規模が小さければ、副会長の書記兼任も可能でしょうし、人数も各一名でよいでしょう。会計監査は軽視されがちですが、会員にたいする責任ということからも、組織が小さくとも必ず置くべきものです。

(6)の組長・ブロック（棟）長は、会の下部組織しだいで名称は変わりますが、会員の意見・要望の吸い上げと各種情報の伝達、連絡等、役員と会員とのパイプ役を果たすものです。自治会・町内会の一番小さい単位は、一〇戸前後の班で、この班を三～五くらいまとめて組（集合住宅の場合は、前者が階段単位、それをまとめたものがブロック（棟）とするのが標準的でしょう。小規模の会なら班長が組長の位置を占めて役員とすることになりますが、大きな会では役員の数が増えすぎることになるので、もう一段上の組織の代表を役員に加えるのが普通です。組長・ブロック（棟）長を上意下達の役割とみれば役員に入れなくてもよいということになりますが、日常的に会員の声を反映させながら会を運営するためには、ぜひとも役員に加えておきたいものです。

(7)の専門部長は、自治会・町内会が専門部をもつときに、それらの責任者を役員に加えようとするものです。専門部については第一四条でふれますが、会の事業を、全体として調整・協力してすすめるためには部長を役員に加えておくことが適当でしょう。なお、子ども会、老人会、女性会などの各種地域団体の長は、ここでは役員に加えていません。これらの団体と自治会・町内会との関係については、第一五条を見てください。顧問を制度化する必要はないでしょう。

第七条　役員選出の方法
会長、副会長、書記、会計、会計監査、専門部長は総会において、出席者の投票により、会員の中から（当該年度の組長・ブロック（棟）長の中から）選出する。選挙の方法は別に定める。組長・ブロック（棟）長は各単位会員の中から選出する。

住民に信頼される役員を得ることができるかどうかは、自治会・町内会の現在および将来にとってきわめて重大な問題です。それゆえ役員選出はたいへん重い仕事です。全国の地域社会はそれぞれの歴史をもっており、社会的な条件も多様ですから役員選出の方法のモデルとなる条文を示すことは大変困難です。したがって、ここではどちらかというと都市社会の状況を前提とした条文を掲げておきます。

まず、会員がお互いをよく知り合っている地域では、条文のように、総会で出席者による（秘密）投票という形をとることができます。しかしこの場合も、実際はある程度候補者が絞られていることも多く、実質的に信任投票に近いものです。住民の信任を確認するための選挙といえます。

選挙は、多くの会員が信頼できる人を選ぶという目的をもっています。しかし、都市化の進んだ現在の地域社会では、住民の生活スタイルも考え方も多様になり、そのなかから役員を選ぶことができるほどお互いを知っているというわけにはいかなくなっています。本来、選挙は「立候補」を前提とした制度です。しかし任意組織の自治会・町内会で積極的に立候補する住民は全くないわけではありませんが、非常に稀です。「出たい人より出したい人」という文化が立候補を阻んでいるということもあるでしょう。そこで役員選考委員会をつくって候補者を推薦し、総会でその候補者について信任投票を行う方法もとられています。この場合、候補者は選考委員会の議論に左右されることになりますから、選考委員会を、住民の納得が得られる構成にしておく必要があります。これまでの役員経験者など、地域の事情と会の事業に知識と知恵をもった人たちが構成員になるように、その選出方法を条文や細則に規定しておくことも一つの方法でしょう。

近年、高齢者の見守りや災害対策の必要性が高まって地域の仕事が増えているのに、自治会・町内会の会員は高齢化していて、よけいに役員のなり手が見出しにくい状況にあります。それだけに、役員に選ばれた人だけに負担がかかることにならない保証があってこそ、「選ばれたら引き受ける」というルールが生きたものになります。その保証は、会員の協力的な姿勢が感じられることです。役員の選出において、とくに選挙や信任投票という方法にとって、この協力的な関係の有無はますます重要な条件になっています。会の活動が「他人任せ」になっていないか、常に総会で話し合われることが選挙にとっても不可欠の作業だといえます。

役職別の選出方法として、会長が副会長などの役職者を指名するという方法が採られる場合もありますが、この場合も、会員の責任として信任投票をしておくべきではないでしょうか。

組長・ブロック（棟）長の選出については、規約でその方法まで定める必要はないでしょう。まず、最小単位の班や階段ごとでその年の世話係を決めます。今日では、負担の公平や自治会・町内会について知ってもらうなどの理由から輪番にするところが多いようです。ただ、小さい子どもや要介護老人がいるとか、高齢者だけの世帯などについては、配慮が必要でしょう（第一六条参照）。

第八条　役員の任務分掌
(1)会長　会を代表し、会務を統括する。
(2)副会長　会長を補佐し、会長に事故のあるときはその職務を代行する。
(3)書記　会務を記録し、会の内外への連絡、広報などを行う。
(4)会計　会の出納事務を処理し、会計に必要な書類を管理する。
(5)会計監査　会の会計監査を行う。
(6)組長およびブロック長　組やブロックをまとめ、代表して、会務に協力する。
(7)専門部長　各専門部を代表し、専門の業務を行う。

この条文では、役員の分掌する任務をそれぞれ簡潔に規定します。

(1)会長はまず、会の内外にたいして会を代表する役割をもちます。したがって、会長の言動は、会員の総意をふまえたものであることが必要です。もちろん、会長にも個人としての見解等の表明は許されますが、会長としてか、一個人としてのものか、はっきりさせておくことが重要です。つぎに、会の運営全体の責任者としての役割をもっています。総会等で決められた方針にそって会を運営するのですが、行政や他団体などからさまざまな要請や依頼が殺到し、また会員からの要望や苦情も寄せられます。住民のプライバシーにかかわるような情報も集まってきます。これらについて、公平、冷静に対応し、役員会にはかり、当事者の意見を聞き、適切に処理することが必要です。会長が孤立したり独走したりしないために副会長の補佐が望まれます。

(2)副会長の任務は基本的には会長の補佐ですが、副会長が二名以上いるときは、会長に事故があるときの代行の順序を含めてそれぞれの担当を決め、また兼務があるときは、その任務も掲げておくとよいでしょう。

(3)書記を置かない組織もありますが、会は地域とともに永続するものですから、ちゃんとした記録を残しておくことは、後のためにも重要なことです。もちろん、会長以下の役員も記録はとっているでしょうが、これらの記録は会のものか、役員個人のものか区別がつきにくく、役員交代によって貴重な資料が散逸してしまうことがあまりにも多くみられます。会としての記録を残すには、それを任務とする書記を置くことがなによりの保障です。

(4)会計は会のお金を扱う役割であるため、とくに信用のある人が選ばれます。会計処理の状況は、総会で報告するだけでなく、住民の要請があればいつでも公開できるようになっていなければなりません。

(5)会計監査は、会の性格や目的を正しく理解していると同時に、現役員による活動にたいして、一定の距離がおける人でなければなりません。監査は、会計処理の正確さとともに、会の目的に照らして財政支出が適切であるかどうかを判定することが基本的な役割です。

(6)組長・ブロック（棟）長は、組やブロック（棟）の住民の意見を役員会に伝え、会務の具体化の決定に参加する代議員的な役割と、決定された活動の実施主体という執行部的な役割の両方の性格をもっています。ここには毎年、新しい人が選ばれてくることが多く、自治会・町内会についての学習およびリーダー発掘の場とも考えられます。

(7)専門部の担当業務は、第一四条で規定されます。

第九条　役員の任期
役員の任期は二年とし、再任を妨げない。

現実の役員の任期は、きわめて長いものと、規約上の規定どおりの短いものとに分極化されますが、平均的には短くなりつつあるようです。従来から、自治会・町内会の役員のような地域の世話役は、生活にゆとりのある階層や自営業者が務めることが多かったのですが、それは地域のためにさく時間があることや、商売の関係で地域にたいする関心が深かったことによります。こうしたいわば地域名望家の解体、職住分離の拡大、会社人間や趣味人間の増大などによって、地域の世話役を引き受ける条件や意欲のある人が減り、どこでも役員のなり手がないとの嘆きを聞くようになってしまいました。その結果、任期を一期務めると義務を果たしたとばかりに交代していく人が増え、平均の任期が短くなるとともに、役員を務める条件と意欲があり、住民の信望がある人が現われると、その人におんぶする形で任期は長くなっていきます。よい人を得た場合には会は発展しますが、それでも任期が長くなりすぎると活動がマンネリ化し、また住民のおまかせ気分も強くなって組織の活力が失われていくことになりかねません。逆に任期が一年でどんどん交代していく場合には、役員経験者が増える利点はあるものの、会の運営の仕方がわかったときには交代となって、だれも本気で会のあり方を考えないということになりがちです。

この両方の欠点を避けるためには、任期は最低二年とし、同時に再任は妨げないとはいうものの、あまり長期にならないようにするのがいいでしょう。なお、再任とは同一役職についてであることは、いうまでもありません。規約上、役員となっていない班長・階段世話係などは、任期一年で順番にまわしていくことが多いでしょう。このレベルでの活動は、事務的な連絡や会費の集金などのほか、班内の住民の親睦、葬式などの手伝いといった日常的なつきあいにもとづくもので、だれでもができ、お互いに顔見知りになる機会として活用できるものです。いざというときの助け合いも、こうした連帯なしには難しいのが現実で、その意味では、身の回りの小さな係も重要な役割があり、十分心して取り組むべきものなのです。

さらに、常設の専門部会の部員や、特定の行事を担当するために設けられる実行委員会の委員などの任期については、役員に準じますが、これらの人びとが班長などを兼ねるときは、任期一年で交代ということも起こりえます。他方で、有志の住民がこれらの委員となっているところでは、再任期間を限る必要はないでしょう。専門部会や行事などは、会の活動そのものだからです。

いずれにせよ、任期や再任期間制限の規定の意味は、役員としての参加を制限するというよりは、より多くの住民の参加を保障し、より豊かな自治会・町内会活動をめざそうとするものであることを理解しあいたいと思います。

任期ともかかわって考慮しておいた方がいいのは、交代期のことです。任期が終ってすべての役員が一斉に退陣してしまい、後任の人びとはまったく様子がわからないということでは、活動がそのつど足踏みすることになります。それを防ぐためには、任期終了の年を役員のなかで一年ずらして運用するとよいでしょう。

第四章　会議

第一〇条　会議の種類と構成
会の会議は、総会、役員会および専門部会とする。総会は、会の最高議決機関であり、定時総会および臨時総会とし、一世帯一名の会員をもって構成する。役員会は、会計監査を除く第六条の役員をもって構成する。専門部会は、各専門部員をもって構成する。

本条は、この会の基本的な議決権をもつ会議について規定しています。もちろん、これ以外の種々の会議を開くことはできますが、会の運営の基本については、条文にある会議のみが議決権をもつことができます。いいことならどこで議論してもいいようにも思われますが、多様な個人の意見があることを前提とする近代的な組織では、合意されている決定の形式にそうことによってはじめてその議論は正統性を得ることができるのです。柔軟に対応することと、決定のルールを無視することとの区別はしっかりつけておきたいものです。当該会議の場以外で価値のある新しい提案や検討すべき修正案がだされたときは、なるべくその趣旨が活かされるように柔軟に対応しつつも、正規の会議で決められた手続きにより議決（追認を含めて）しておくことが必要です。そうでなければ、こうした規約の規定も無意味になってしまいます。またそのことが、この会の内部的な対立や分裂の原因となる要素を取り除いておくことにもなるのです。

この会の最高議決機関は総会です。総会で議決すべき事項は第一二条に掲げられます。定時総会は一年間のまとめと今後の事業、予算の議論の場として慎重に、そしてどんなことでも気軽に議論できる場となれば最高です。臨時総会は必要がないことが多いのですが、次の第一一条に掲げるように一定比率の会員の要求によって開催することが義務づけられます。臨時総会はこの会の運営への会員の直接参加の保障をなす会議ですから、あらかじめ規定しておくのが普通です。

役員会は、総会の議決にしたがって会を運営していく会議です。出席が義務づけられる役員はあらかじめ決めておきます。条文例では、第六条の⑸会計監査が除外されています。会計監査は、第八条で説明したように、会の活動のあり方自体を分析・評価する任務をもっています。その監査役が自らも役員会に出席して決定に加わっているとすれば、客観的な監査はできなくなります。それゆえ、会計監査は役員会から除外されなければなりません。

条文例では、第六条の(6)組長・ブロック（棟）長は役員会に出席する役員になっていますが、小規模の自治会・町内会では、第六条の規定自体から(6)が除かれることもありますし、組長・ブロック（棟）長は選出してあっても役員会からは外しておくこともありえます。なるべく会員の総意をふまえた運営を行うためには、多くの役員が出席するようにしておくことが望ましいのですが、役員の数が多すぎても運営は困難です。この場合でも、なにか大きな行事を行うときには、拡大役員会として、これら組長・ブロック（棟）長の参加を求めることもできます。

部会制をとっている自治会・町内会では、専門部会も、この会の日常的な活動単位として重要です。専門部会のないところでは、規約の第六条の(7)専門部長の項がなく、したがって本条の専門部会の項もないことになります。

第一一条　会議の招集
定時総会は、年一回開催する。臨時総会は、会員の三分の一以上の請求があったとき、または役員会において総会開催の議決があったときに、会長が招集する。役員会は、必要に応じ、会長が招集する。専門部会は、原則として月一回開催し、各専門部長が招集する。

本条では、自治会・町内会組織の基幹となる会議の招集について、一括して規定しています。招集に関してふれておくべき事項は、各会議の開催回数と招集責任者です。開催回数は平時と、なにか問題が起こったときとでは異なりますが、規約としては平時を前提にして規定しておき、いざというときにも対応できるようにしておくことが必要です。また、お互いに忙しい役員で会を運営していますと、会議の招集を忘れるといったことも起こりかねません。会員にたいする責任を明らかにしておくためにも、この規定が置かれています。ただ、あまり開催回数を多くしておきますと、実行が難しくなり、規約違反を常時繰り返すことになりかねません。現実的な線でまとめ、必要な場合に随時開催できるようにしておくことにします。

　招集責任者は、その会議の責任者・代表者ですが、その人に事故あるときは、それに代わる人（会長の場合は副会長、部長の場合は副部長）であることはいうまでもありません。招集責任者および代行の責任者を決めておくことは、ごく当然のようにみえますが、きわめて重要な規則です。役員間・住民間で意見対立が大きくなった場合に、この会の名前で恣意《しい》的な会議開催がなされないようにという役割があるのです。恣意的な会議開催による対立の固定化を防ぎ、話し合いによる解決を支える民主主義の大切な規則なのです。

　総会は、年一回、時期を定めて行う定時総会が基本です。時期としては、年度末か年度始めが普通です。役員の任期は総会から総会までですから、総会の招集者は現会長です。会議を招集する以上、第一三条の規定によって会を成立させなければなりません。総会は出席者の数が多いので準備も大変ですが、議案の内容を含めて周到な用意が必要です。

　定時総会のときには予期できなかった問題や、定時総会の決定の変更を求める動議がだされたときには、臨時に総会を開くことになります。会長以下の役員会の判断で開催される場合が多いのですが、ときには会員の声や、一部役員の声で臨時総会開催が要求されることも起こります。会員の請求による場合は、総会成立の定足数との関係もありますが、おおむね三分の一程度が適当でしょう。役員会の議決による場合は役員の過半数ということになります。本条に規定された臨時総会の開催条件がみたされたときには、会長は総会を招集しなければなりません。いうまでもないことですが、自治会・町内会は会員である住民の組織ですから、会長の恣意的な総会開催あるいはその拒否は許されることではありません。

役員会についても月一回などと決めておくこともできます。この案で「必要に応じ」としているのは、むしろより柔軟に対応するという意味を込めています。専門部会については、「原則として月一回」としていますが、専門部会の活動は自治会・町内会の活動の中身をなすものであり、この程度の開催は当然と思われるからです。「原則として」というのは、行事があって忙しい月もあれば、そうでない月もあることをふまえています。専門部会をもたない自治会・町内会では、当然この項目はないことになります。

第一二条　総会の議決事項
総会は、次の事項を議決する。
⑴事業報告の承認、⑵会計決算の承認、⑶資産管理報告の承認、⑷事業計画の承認、⑸会費改定の承認、⑹予算の承認、⑺規約の改廃、⑻役員の選出および⑼その他会の重要事項に関すること。
ただし重要事項の中で急を要するものは、役員会で決議執行し、次の総会で承認を受ける。

総会がこの会の最高議決機関です。総会は、全会員が一年間の活動と費用の使途（予決算）を規約に照らして検討し、今後の活動方向を確認する場です。その確認ののちに新しい役員を選出します。本条では、総会にかけて承認をえるべき事項を列挙しています。

⑴事業報告では、先の総会以後にこの会として行った諸事業について報告しますが、たんに日時、参加人数といったことだけでなく、計画との異同、本年度とくに

工夫したところ、今後への反省点などを加えて報告しますと、会の状況がはっきりして、(4)の議論にも役立ちます。

(2)会計決算の報告は会計監査報告とセットで行われます。

(3)資産管理の状況の報告は、資産のない自治会・町内会では当然省略されますが、資産とくに不動産をもつところでは不可欠です。その資産が会のものであることをはっきりさせるために、法人格をえて会の名によって登記し、それを管理するという方法をとることもできます。

ついで、次年度の方針などの提案が行われます。

(4)事業計画は(1)に対応するものです。単年度の計画の提案が基本ですが、コミュニティ地区などでみられるように、中長期の計画を示しつつ、そのなかに次年度の事業を位置づけることができれば、地区の発展の姿と活動の継続性を明確にすることができるでしょう。

(5)会費改定は毎回あるわけではありませんが、会員の関心も高く、影響も大きい問題ですから、当然総会に諮《はか》るべき事項です。ただ、本規約では、第二〇条で会費の額を規定しています。となれば、会費の改定はすなわち規約の改定となり、これは本条(7)にうたっている事項で、規約上、重複があるといえなくはありません。そういう問題はありますが、会員の理解と承認をとくに必要とする事項であるだけに、独立して掲げました。また、この議題は予算案の審議以前に承認がえられていなければならないものです。

(6)会計予算は(4)の事業計画をうけて作成、提案されます。

(7)規約改正もいつもある議題ではありません。しかし、会の根幹にかかわるものだけに、慎重な準備と対応が必要です。そこで、頻繁に変更があると予想される事柄については、規約でなく、役員会などで改定ができる細則などに移しておくことも考えられます。慶弔《けいちょう》規定などがその例ですが、会費の改定などはやはり規約に掲げて、総会の議決事項としておくべきものです。

(8)役員の選出法については、選挙細則などで規定されますが、選出された役員は総会で承認をえなければなりません。

(9)その他の事項の扱いは、役員会の判断にゆだねられます。

第一三条　会議の成立要件ならびに議長および議決
会議は、構成員の二分の一の出席をもって成立する。ただし、やむをえない事情で出席できない者は、委任状の提出により出席者の数に加えられる。総会の議長は、会員の中から選出し、役員会および専門部会は、それぞれ会長および専門部長が議長となる。会議における議決は、出席者の過半数の賛成による。賛否同数の場合は、議長がこれを決する。

本条では、上記第一〇条の各会議の成立要件と議長およびそこでの議決の要件とを、一括して規定しています。

まず、会議の成立要件ですが、どんな会議でも出席者が多いことが、会員の総意にもとづく会の運営という点から望ましいことはいうまでもありません。しかし、現実には、会員の意識の面からも生活実態の多様化の面からも、同じ時間に多くの会員が一斉に集まることは困難になりつつあります。そこで定足数をどのくらいに設定するかが問題となります。一般に、組織の規模が小さいほど一人の構成員がもつ権限の割合は大きくなり、したがって、定足数も大きくなるといえます。自治会・町内会程度の規模の組織では、やはり二分の一以上の出席は必要でしょう。また、総会は重要だからということで三分の二以上とすることも考えられますが、規模の大きい会議ほど人集めが大変で会議が成立しない恐れもありますので、とりあえず現実的に、二分の一としました。こう規定したからといって、二分の一いればよいというのでなく、なるべく多くの会員が参加するように、役員、会員ともに努力すべきことはいうまでもありません。委任状の取り扱いについては、賛否を問うような議題なら、委任された人別に議決数に加えることもありうるでしょうが、一般的には、出席者による議決に同意するという意味で、会議の成立要件としてのみ取り扱うのが適当でしょう。

成立した会議の運営責任者は、その会議の議長です。議長にだれがなるかはあらかじめ決めておきます。組織によっては、総会の議長にはその組織の責任者がなるものもありますが、会員がみな同じ権限をもつ自治会・町内会にあっては、議案提出者とそれについての審議をすすめる責任者としての議長が同一人というのは、民主的運営という点で、疑義がないわけではありません。審議機関としての総会は、より自由な議論を保障するためにも、一般会員の中から議長を選ぶべきです。これにたいし、役員会、専門部会は本来執行機関であり、ここでは、各会の執行責任者である会長、部長が議長となります。ただし、会議の実際の運営において、交代で議長を務めあうといったことは、会のマンネリ化を避ける工夫として意味ある取組みといえます。

会議の議決については、出席者の過半数としました。これも総会の、とくに会の基本にかかわるような議題、たとえば規約の改正などについては、出席者の三分の二以上、あるいはさらに厳密に会員の過半数の賛成といった規定を置くことも可能ではありますが、自治会・町内会のような住民合意の形成をめざす組織では、二分の一の賛成があったからすぐに何かを断行するといったことは普通は起こりません。当然、通常議決される案件は全員の賛成をうるように努力すべきものです。その意味では、この規定は、通常の議決のルールというより、ぎりぎりの決着が必要な事態での議決要件とみるべきものです。賛否同数時の議長による議決の条文も、同趣旨のものといえます。なお付言すれば、議論の過程で反対意見がでることは、むしろ歓迎すべきことと考えたいと思います。

〈自治会・町内会活動あれこれ〉

秋まつり
祭

緑化・清掃

廃品回収
びん
かん

第五章　組織

第一四条　専門部
会に、次の専門部を置く。役員会は、必要と認めたとき、臨時の専門部を設けることができる。
(1)総務企画部、(2)災害対策部、(3)環境衛生部、(4)防犯交通安全部、(5)文化部、(6)体育部、(7)福祉部、(8)調査広報部および(9)施設管理部

自治会・町内会の中には、専門部を置いて、会の活動に重点的に取り組めるようにしているものがあります。小規模の自治会・町内会では、役員で手分けして分担することになるでしょうが、ある程度の規模があれば、専門部制にした方が、活動のレベルアップの点でも継続性の点でも、有効であると思われます。ここにあげたものは一般的にみられるものですが、地域の状況や組織の規模などによって、適宜加減することができます。また、役員のなかで分担するとともに、役員でない住民に

も部員として参加してもらえるのも、専門部のいいところです。そして、地域にはいろいろな分野、職業の専門家がいて、地域の要請にたいして喜んでその専門的能力を発揮してくれるということがあります。こういう専門的能力を継続的、安定的に活かすには、専門部という組織は最適です。それだけに、専門部については、予算とかスケジュールとかで相互に連携しつつも、自治会・町内会の目的にそって自主的に活動ができることが、活力を引き出す保障といえます。

(1)の総務企画部は、会の活動の庶務的・対外的業務、新たな企画、規約改正の原案作成、全体的な活動計画の策定などを担当します。(2)の災害対策部は、震災や風水害などのハザードマップの整備、災害発生時の避難の手順や要支援者対策、避難所の運営についての計画や準備などにあたり、(3)の環境衛生部は、ごみ処理、地区の清掃、さらには快適環境づくりのための環境保全の活動を行います。(4)の防犯交通安全部は、日常的な防火防犯活動とともに、交通指導や交通危険個所の点検、不法駐車問題などに取り組みます。(5)の文化部は、自ら文化行事を企画したり、地区の文化サークルの世話をします。(6)の体育部は、体育関係の活動について、たとえば運動会を企画運営したり、対外試合のためのチームを組織したり、体育サークルの世話をしたりします。(7)の福祉部は、町内の独り暮らし老人の見守り、給食サービス・ふれあいサロンの運営、学童保育、生活の相談役など、民生委員と協力して各種の援助活動を行います。(8)の調査広報部は、まちづくりに関する住民調査や自治会・町内会の機関紙（ニュース）の編集発行を担当します。(9)の施設管理部は、会が所有管理する財産（集会所など）の維持管理を担当します。

ここに列挙したのは例示にすぎません。地域によっては、商業や農業といった地域産業の振興に取り組む部もあるでしょうし、なにか問題が起こって、それの解決のために臨時に専門部をつくることもありえます。その場合の決定は役員会でよいでしょうが、これらは問題が終われば解散するものです。規約にあげるのは、常設的な専門部です。

自治会・町内会は、交通安全指導員や保健委員といった行政協力委員を選出しますが、専門部は関係するこれら委員の仕事を委員まかせとせず、住民の協力をえながら活動することが望まれます。

第一五条　協力組織および委員

会は、地域の諸組織および各種関係委員と協力して、会の目的の実現に努める。

地域には種々の組織があり、地域を選出母体とする各種委員がいます。子ども会、青年団、消防団、女性会、ＰＴＡ、老人会、地域発展会、農協・漁協などの諸組織、および民生委員、体育委員、保健委員、市政協力委員・駐在員・区長といった各種委員です。また、それぞれの問題関心にもとづいて活動するＮＰＯ（非営利活動組織）やボランティア組織もあります。これらのうちには自治会・町内会の区域を組織（ないし選出）範囲とするものも、少なくありません。しかし、これらの組織や委員の多くは、今日では、それぞれ上部組織をもっていて、おなじ地域で活動するものとしての横のつながりよりも、上部組織との関係が強くなっていることがよく見られます。年間の行事が上部組織の都合で、日程、内容を含めて決められ、同種の行事が地域でかち合うケースもまれではありません。自治会・町内会は、地域のなかでの諸組織、関係諸委員を横につなぎ、活動を調整し、それぞれの組織や委員に固有の目的があるとしても、全体として地域共同管理のために協力しあえるようにすることが必要です。

しかし同時に、諸組織が自治会・町内会の区域で組織されているとき、これらの組織や委員と自治会・町内会との関係が、上下関係で見られるような傾向もありまず。そこでまず確認しておきたいことは、これら諸組織はいずれもそれぞれの目的をもつ独立の自主的任意組織であって、前条でふれた専門部のように、自治会・町内会の内部組織ないし下部組織ではないということです。自治会・町内会が子ども会や老人会に助成金を交付しているときでも、これらの組織が活動をつうじて地域に貢献するから助成するのであって、自治会・町内会の活動の下働きをさせるためにそうしているのではありません。

地域選出の行政協力委員については、わが国では、自治会・町内会などの住民自治組織の長を任命する方式がよくとられてきました。その発想の原点は、自治会・町内会の形成史に関わります。明治期以来、町村合併を繰り返してきたわが国では、歴史の古い自治会・町内会では、その前身が自治体であったものが少なくありません。合併により自治体でなくなったあとも、地域の代表として、広域化した自治体との接点を維持することが住民組織の側からも求められてきたのです。地域管理のために自治会・町内会と行政とが協力しあうことは当然ですから、行政協力委員が行政のためだけに働くものと考えずに、住民の声を行政に届けるパイプ役でもあることを忘れないことです。行政も住民組織がそれ自身活発に活動していなければ、行政への協力も十分にはできず、むしろ住民組織の活性化が行政の目的の一つと考えるべきでしょう。

自治会・町内会選出の行政協力委員は自治会・町内会という組織の協力を暗黙の前提にしていますので、活動が成果を挙げるためには、自治会・町内会の組織としてのバックアップが必要です。本条は、こうした意味での自治会・町内会と各種組織および委員との関係を規定しています。

第一六条　組（班）およびブロック（棟）
会の運営を円滑に行うために、組（班）およびブロック（棟）を置く。
2　組およびブロックの編成は、当該住民の協議を経て、役員会の議決および総会の承認を受ける。
3　組およびブロックは、会員の中から組長およびブロック長を選出する。組長およびブロック長は、輪番制をとる。ただし、高齢者および心身障がい者等で、業務の遂行が困難であると認められる場合は、本人の申し出により免除することができる。

自治会・町内会を機能的に運営していくためには、下部組織が必要です。その基礎組織は、世帯規模に応じて組（班）、ブロック（棟）などというように重層的に編成されます。一つの組の世帯数は、旧自治省の調査（『自治会、町内会等の住民自治組織の実態調査』一九八一年一〇月）によると、一〇世帯以上三〇世帯未満が七三％で最も多く、つぎに一〇世帯未満二二％、その他五％となっています。一つの自治会・町内会の世帯数の大きさも、同調査によると、五〇世帯未満のものが四四%を占め、ついで五〇世帯以上一〇〇世帯未満のものが二四%、一〇〇世帯以上二〇〇世帯未満のものが一七%となっており、これらで全体の八五%を占めています。これにより、一自治会・町内会の世帯数は、おおむね二〇〇世帯以下で、一組の世帯数が二〇世帯前後であることがわかります。この程度の世帯の数が、組織として運営しやすい規模といえるのでしょう。しかしその後の調査では、一九九二年に自治会・町内会数はピークとなりますが世帯数は増え続けてきましたから、会あたりの世帯数は、二〇〇八年には二〇〇世帯以下は七〇%に下がり、人口五〇万人以上の大都市部では二〇〇世帯以上が六三%にもなっています。それだけに、きめ細かな運営が必要になっているといえます（辻中豊／ロバート・ペッカネン／山本英弘『現代日本の自治会・町内会』木鐸社、二〇〇九年）。

小規模のマンションやアパートの場合は、一棟で一ブロックが形成できますが、高層で大規模なマンションやアパートでは、各階ないし階段列ごとに組を置いたほうが機能しやすいでしょう。このような組およびブロックの編成は、バランスが取れていることが大切です。そのバランスを欠いたものであると、組やブロックによって組長などの業務量に差が出て、不満の原因にもなります。こうしてバランスよく編成された組やブロックは、役員会の議決と総会の承認を受けて決められます。

組およびブロック長の選出方法は、一般的に輪番制です。そのほうが、組などの構成員全員が町内の役員を経験できるとともに、地域をよく知る機会にもなるからです。組長などを経験すると、近隣の人々と顔なじみにもなって、その後の付き合いもスムースになる利点もあります。しかし、回覧文書や各種の事務が多くなるとわずらわしさを感じるときもあります。したがって、義務感だけで仕事を分担していますと、せっかく組長などの役割がまわってきて会の活動に参加する機会ができても、消極的なかかわりになってしまいがちです。隣人と接する大切な機会を、地域の一員として大いに活用していきましょう。仕事の中身についても、日常的に話し合えれば次の組長のためにもなります。また、構成員が高齢等の事情で、組長などの業務の遂行が困難なときには、本人の意思を受けて免除するなどの配慮も、これからの高齢社会では必要となるでしょう。

第一七条　連合組織
会は、広域的問題に対処するため、会の連合組織に参加し、連絡調整を行うものとする。

前条であげた旧自治省の調査では、自治会・町内会の連合会または上部組織の名称として「会長会」「区長会」等、住民自治組織の長の集まりであることを示すものが四六%、次いで連合会が三一%、協議会が一一%となっています。

日本都市センターの調査（「自治体におけるコミュニティ政策等に関する実態調査」『近隣自治とコミュニティ』二〇〇一年）によると、その設置単位は、一〇以上の自治会・町内会等の集まりがもっとも多く四二%、ついで小学校区が二二%、六～一〇の自治会・町内会の集まりが一四%、中学校区が四%となっています。これによると、連合組織の設置単位は、一〇以上の自治会・町内会等の集まりと小学校区を単位として組織されているものが多いようです。これは市町村の行政施策の実施単位やコミュニティ行政・活動の単位ともほぼ一致しており、行政や地域単位として、これらの区域が重視されていることを示しています。連合組織が未設置の地域もかなりありますが、これらは都市化がすすみ、新来住者のみによって住宅団地ができている場合や、単位組織が大きくて、連合組織を必要としない地域であると思われます。

さらに日本都市センターのこの調査によると、連合会の活動のうち主なものは、自治会・町内会等の連絡調整八八％、行政との事務連絡や行政からの依頼事項の伝達七一％です。実際に、連合組織の活動としては、これらの事項が圧倒的に多くを占めています。連合組織のその他の活動としては、防災、防犯、道路維持、地域の清掃活動や、運動会・盆踊りなどの親睦行事、公園・集会所などの施設整備と維持、行政への各種の陳情活動があります。

以上のような連合組織の機能をみると、個々の自治会・町内会の範囲を超える広域的な問題についての意見の調整と合意の形成、自治会・町内会間の交流や個々の自治会・町内会では負担の大きい行事の共催、共通した関心のある課題についての行政への陳情などがあります。広域的な地域問題も増えてきていますし、担い手の減少や高齢化で、従来の行事のうちでも自治会・町内会の単位では実施することが難しくなっているものも出てきていますので、連合組織の行事としたほうが実施しやすい事業については、積極的に統合していくことが必要なのかもしれません。

また、分権推進という最近の動きに関連して、学区等の広域単位で各種の地域組織を協議会に糾合し、これまで個々に出されていた活動補助金をこの組織に一括交付して自治的に運用できるようにする自治協議会等の制度化の例も見られるようになりました。この時、各種地域組織の平等参加の建前から、自治会・町内会も各種組織の一つとして同列に扱われることが起きています。しかし、自治会・町内会は、その区域内では総合的な機能をもつことは変わりませんので、広域の活動主体の強化とともに、自治会・町内会がその固有の役割も果たせるような運営が大切です。

第六章　会計

第一八条　会計年度
会の会計年度は、毎年四月一日に始まり、翌年三月末日に終わる。

自治会・町内会の会計年度は、事業年度と同一期間であり、同時に、役員の任期の区切りとも連動しています。二年任期であれば、会計年度を二回担当することになります。本条における会計年度の始期と終期は、自治会・町内会の活動の上で協力関係をもっている市区町村のそれと合わせています。自治会・町内会によっては、会計年度を一月から一二月までとしているものや三月から翌年の二月までとしているものも見うけられますが、本条のように定めるのが一般的です。

自治会・町内会の活動も財政収支も連続性をもっていますが、会計年度は、この時間的流れをある期間で区切り、住民による管理を保障するとともに、その期間内の事業や会計の執行についての責任を明らかにしたり、責任を解除したりするために設けるものです。

しかし、事業も財政収支も連続して経過していくのですから、会計の収入支出とともに一年分で区切った場合に、正確に仕事や財政収支の流れを反映したものになるかどうかは問題がないわけではありません。地方公共団体の場合は、その年度の歳出は、その年度の歳入をもってあてるという会計年度独立の原則がありますが、そのために、歳入歳出がどの年度に属するものなのかを明確にしなければならないことになっています。自治会・町内会の場合は、これほど厳密でないとしても会計年度の考え方も会計処理の方法もまた地方公共団体に準じているといってよいでしょう。このように、会計年度は、自治会・町内会の仕事や会計収支の始期・終期を決める重要な意味をもっているのです。さらに、会計年度が終了したときには直ちに決算を行い、直近の役員会および総会に報告しなければなりません。

決算の方法は、自治会・町内会の会計処理が一般的に現金主義をとっていますので、第二二条の帳簿に記載された収入と支出の取り引きを各科目ごとに集計を行ったうえで収入支出の総額を算出します。また、各収入支出のそれぞれの取り引きごとに帳票類を照合して、金額の出し入れに間違いがないかどうかの確認を行います。

そのうえで、次期会計年度に繰り越すべき金額について現金および預金残高を確認して、その年度の決算を終了することになります。決算終了後は、すみやかに会計監査による監査をうけます。

以上のとおり、会計年度を設定することによって、決められた期間内の予算執行とその決算を通して財政管理の適正さを確認できるのです。自治会・町内会によっては、予算も立てず決算も行わずに、それこそどんぶり勘定の財政運営で済ませているところもまれにはあります。また、会計担当者を差し置いて、会長が独断で出納を行い、記帳もせず領収書もそろっていない、会計監査も会長のいうことを追認するだけ、といった不明朗な処理がされている、という話を耳にすることもあります。住民が無関心で役員まかせが続くと、こうした不祥事が起きやすくなります。このようなところは、ただちに規約にもとづいて原則的な財政運営を確立しなければなりません。会計年度の設定もまた、このような原則的な財政運営の節としての役割を果たすのです。

第一九条　収入
会は、次の収入により運営する。
⑴会費　⑵寄付金　⑶補助金および⑷その他

自治会・町内会の収入は、おおむねここに掲げた収入項目に準ずるものと思われます。会費については、次の第二〇条に譲りますが、寄付金は、多くの場合、自治会・町内会が行う運動会や盆踊りなどの行事の際に、町内の個人や企業から寄せられるものを指します。そのほか、町内の商店や企業が、日ごろの営業への感謝あるいは「迷惑料」として定期的に行う寄付も見うけられます。そこには企業側の地域対策の意味もあるでしょうが、他方で、災害時などを想定して、自治会・町内会と事業所とが協定を結ぶ事例も出てくるなど、両者の関係は多様化しているといえるでしょう。

補助金は、自治会・町内会が行政協力事務を行っている場合に、その事務量に応じて、行政から支払われるものです。市区町村が自治会・町内会に委託している事

表2　市区町村から自治会への委託業務の内容　（%）

回覧	81.3
広報誌の配布	79.9
清掃・美化	59.9
募金	56.8
街路灯・防犯灯の設置	54.3
防災・防犯	46.3
公共施設の管理	41.1
リサイクル	31.7
道路整備・補修	16.6

注：2006〜07年調査、複数回答、回答市区町村　1,179

出所：辻中豊ほか『現代日本の自治会・町内会』前掲、148頁より作成。

務は、**表2**のようなもので、行政の側では、地域振興費などの費目で支払われています。行政事務の地域委託は、自治会・町内会を利用するものであることと委託業務量の多さで、自治会・町内会の本来の自治活動に支障をきたすという批判も少なくありませんでした。そこで、自治会・町内会の組織を直接利用するのでなく、会長個人を非常勤の特別職地方公務員に任命して事務を委託し、その個人に実費弁償するかたちのものも出てきています。しかしその場合でも、住民組織の機能に依存する点では本質的な違いはなく、支払われた実費がどのように配分されるかで混乱することも起きています。

その他の収入としては、自治会・町内会が集会所その他の財産を所有している場合にその利用料、預金の利子、さらには入会金をあげることができます。入会金は、過去に住民が負担して建てた集会所その他各種の便宜を、後に来住してその便宜を享受できる住民も一部負担するという場合などに求められるものです。ただ、余りに高額だと、不審感をもたれ、入会を拒否されることがありますので、丁寧な説明が必要です。また、自治会・町内会が地元の神社の管理を行っていることがあり、神社へのお賽銭《さいせん》を収入に計上することもあります。自治会・町内会と神社との関係は会員個人の信教の自由を保障する観点から、組織としては区別することが原則です。しかし、神社が歴史的に地域の産土神《うぶすなかみ》として根付いている地域では、境界があいまいになりがちですが、神社関係の会計は神社奉賛会といった氏子組織の会計として分離していくことが必要です。

いずれにしても、自治会・町内会の収入は活動を保障する財源ですが、企業の寄付金や行政からの補助金に頼る方向でなく、バザーや廃品回収などもそうですが、今後はコミュニティ・ビジネスといわれる自主的な事業収入を確保することも考える必要があるのかもしれません。

第二〇条　会費

会の会費は、一世帯月額〇〇〇円とする。会費は、組またはブロック（棟）において徴収し、組長またはブロック（棟）長がまとめて毎月〇〇日までに会計に納入するものとする。なお会費は、〇か月分をまとめて前納することができる。

2　会員に特別の事情がある場合は、会費を減免することができる。

会費は、自治会・町内会の財政の中心をなすものであり、会員みんなの力で会を支えるという点で、自治会・町内会の統合の象徴のような存在です。会費の金額は、会の事業を行うために必要となる金額の総計を、おおむね加入世帯数で割って出てくる額となります。

会費の金額は、以前には、世帯の所得や財産、病気や育児で仕事ができない人がいるかどうかなどを考慮して等級化し、世帯の事情を考慮して賦課するという、いわば実質平等性の原理に従って徴収することが見られました。戦後は、会員の権利・義務の平等という原理に従って、一律に均等額にすることが主流となっています。そこには平等思想の広がりとともに、お互いの家庭の様子がわからなくなり、個人情報の入手もできなくなるという事情もありました。とはいえ、いくらかの例外もあります。一つは事業所の扱いで、一般会員よりは高額を課す場合であり、もう一つは、困窮世帯について会費の減免を行う場合です。後者の場合は、支援が必要な世帯員を、会費が払えないということで脱退させてしまうことを防ぐためです。

会費の徴収方法は、決められた月額を、会合の折に、あるいは訪問して毎月集金するのが標準でしょうが、最近は、単身世帯や夫婦共働きの世帯も多く、担当者が何度集金に訪問しても会えない場合も多くなりました。そのため、会費の毎月徴収から三か月分とか半年分をまとめて前納徴収する自治会・町内会も増えています。この傾向は、今後いっそう強まるものと思われます。このように、会費の前納制が定着してくると、集金した会費の管理と計画的な執行が重要な課題になってきます。一度に多額の会費が集まってくると、十分な財政管理が行われていない場合には、知らずしらずに支出をゆるめてしまいがちになります。そのようなことが続いていくと会計年度の最後になって、取り組みたい行事があっても資金不足でできないというようなこともでてきます。年度の当初に立てた予算にもとづいて財政の執行管理をしっかりやっていくことが、会計担当者のますます重要な任務になっていくでしょう。

さて、自治会・町内会の会費は、会の規約で決めることが原則です。会の規約は、総会で決定されますので、会費の決定は、総会で行わなくてはなりません。この原則をはずして会費の額を役員だけで勝手に決めたりすることは戒《いまし》めるべきことです。会費の額は、自治会・町内会の会員の意思にもとづき、合理的な根拠にしたがって決めなければなりません。会費の額の改定も総会決議事項です。総会では、会費改定の理由を住民に分りやすく説明し、十分な議論と納得のもとに決めることが重要です。それが不十分であると会員の会への不満の原因ともなり、参加意欲も弱まってしまいます。会費の改定は、その後の活動発展のより積極的契機となっていくことが望ましいのです。

第二一条　支出
会の支出は、総会で議決された予算にもとづき会の目的にそって行う。
2　会員には、細則で定める額の弔慰金を支払うことができる。
3　納入された会費は原則として払い戻さない。

支出は、予算にもとづいて一年間の会の活動に必要な経費を計画的に支払っていくものです。支出は、大きく分けると、総務費と事業費に分けることができます。

総務費は、会の運営にかかわる支出です。具体的には、会議費、交通費、通信費、消耗品費、什器《じゅうき》備品費、印刷費、衛生費、人件費、事務所費、水道光熱費、修繕費、公租公課費、分担金（連合会費）、予備費などの科目で支出するのが一般的です。

以下に科目の内容を例示しておきます。

会議費　：役員会など各種会合の会場費やその準備のための経費。

交通費　：会活動のための行動費、必要な各種会議に参加するための乗車賃、ガソリン代など。

通信費　：文書の発送のための郵便料や、電話料など。
消耗品費　：事務用品や、会の財産として残る什器備品費以外の経費。
什器備品費：事務所に備える印刷機、ロッカー、テーブルなどの購入費。
印刷費　：会議の議案書や各種印刷物に支出する経費。
衛生費　：町内の清掃・衛生管理のための経費。
人件費　：役員手当や、大きな自治会・町内会では事務員を置く場合の経費。
事務所費　：事務所を独自にもっていない場合の賃借事務所の家賃。
水道光熱費：事務所で使う水道や電気・ガス代。
修繕費　：所有の事務所および集会所やその備品、街灯などの修理費。
公租公課費：法人格の有無にかかわらず、消費税については、公益法人と同様に扱われます。収益事業については、認可法人は公益法人と同様に原則として法人税課税の対象になります。
分担金　：連合会等の組織・運営を維持するために町内の世帯数などにもとづいて分担支出するもの、および協力組織にたいする会費・分担金。
予備費　：各費目に該当しない経費の支出。慶弔《けいちょう》費などは、別途定めた細則の規定にしたがってここから支出する場合が多い。

事業費は、会の活動のための支出で、会全体の事業はもちろんのこと、第一四条にある専門部の活動を保障するために、あらかじめ予算措置がなされたものです。事業費は、各事業の活動内容や活動量にそって予算が組まれますが、支出方法は、各事業担当や専門部の責任者に年度当初に一定額を渡して担当者の責任で支出する場合と、申請によって予算の範囲でそのつど会計から支出する場合とがあります。いずれの場合も領収書などの帳票を会計に提出することになります。予算が足りなくなって科目間で移動が必要になった場合は、役員会の議を経て、予備費や他の費目からまわして、増額の補正をすることもできます。

第二二条　会計および資産帳簿の整備
会の収入、支出および資産を明らかにするために、会計および資産に関する帳簿を整備する。会員が帳簿の閲覧を請求したときは、閲覧させなければならない。

自治会・町内会の予算の執行状況を明らかにしておくために、収入と支出を帳簿に記載していくことが必要です。記帳にさいしては、いたずらに帳簿の数を増やすことは避けて、簡潔に収支の状況を把握できる程度の帳簿を整備しておけばよいと思います。

七八頁に、総務費の会計処理の方法として日計と各科目ごとの集計（元帳）をかねた簡便な集計表の例をあげておきます。

この簡易現金出納集計表は、自治会・町内会が当座勘定を開設しておらず、小切手などを使用していないことを前提にしています。記帳方法は、一か月一枚の集計表にその月の金銭の動きを記載します。各月ごとに、その日の金銭の動きを収入と支出の科目別に毎日記入して一日の残高をだしていくものです。さらに、一か月分を縦に科目別に集計すると、その月の各科目ごとの収入と支出額がでます。また、一か月ごとの各科目の集計額の年度計をだせば、その年度の科目ごとの集計がでることになります。この記帳方法は、金銭出納帳と科目元帳を兼ねたものです。要は、会計処理に多くの時間をとられることなく、金銭の把握が正確にできることが肝心なのです。この他、会が不動産を所有しているときは、資産台帳が会の財産管理のために必要です。この資産の登記については、地方自治法の改正（第二百六十条の二、一九九一年四月二日施行）によって、市町村の認可を受けて法人格を取得すれば会の名前で登記することができるようになりました。この場合は、登記所への法人登記は必要ありません。また、会が所有不動産の処分をしたときは、所有資産台帳の変更を市町村に行わなければなりません。法人格の認可申請にあたっては、規約の整備が必要条件になっています。

年　　　月分現金出納集計表

日	会　費	寄付金	補助金		収入計	会議費	交通費	通信費	消耗品費	什器備品費
1										
2										
∫										
30										
31										
月計										

印刷費	衛生費	人件費	事務所費	水道光熱費	修繕費	公租公課費	分担金	予備費	支出計	残　高

第七章　会計監査

第二三条　監査と報告
会計監査は、会計年度終了後に監査を行い、総会に報告する。

自治会・町内会には、当該年度の会計や業務の執行状態について監査を行い、その結果を総会に報告することを役割とする会計監査をおかなければなりません（規約第六条(5)）。会計監査は、会計の記録や会計の執行について、その信頼度を高めるために、会計に関与していない第三者がその内容を検討して、それについて意見を表明します。

以前に行われた総理府の「世論調査」によれば、自治会や町内会のうち会計監査を設けているものは、都市で六七％、町村で一八％という結果（都市行政問題研究会『大都市における地域的住民組織に関する提言』一九七八年二月）がでています。

会計監査は、会計帳簿の記帳状況や財産の管理、業務の執行状況を監査することをとおして自治会・町内会が、会の目的にそった事業展開を行っているかどうかを確かめる役割をもっています。しかし、長期間役員体制が変わらないために、役員どうしのなれあいがうまれたり、会計監査自身が会員の意見の代弁者としての立場を放棄しているような場合には監査の目的が十分に果たされなくなります。会員の関心を高めて、住民本位のまちづくりに取り組む自治会・町内会の本来のありかたをめざすうえでも会計監査の役割は非常に重要です。

会員が会計帳簿の閲覧を求めたときは、内容の説明を含めて求めに応じなければなりません。

会計監査は、会計帳簿、領収書などの帳票類、預金通帳、収入支出決算書、所有資産台帳などをもとに行います。収入支出のうごきが適切に帳簿に記載されているかどうか、関係の帳票が管理保存されているかどうか、現金出納簿の現金残高照合、預金残高の照合などを行い確認します。そして、役員会や総会に報告される決算書の内容について事実関係の確認をして監査を終了することになります。監査の過程で、不適切な財務処理や会計処理の問題点などに気づいた場合は、その改善方向について、口頭または文書で指摘・勧告します。改善点などは、監査報告書のなかにその要点を記述しておくのがよいと思われます。

会計監査報告書

下記のとおり会計監査を行いましたので、報告いたします。

「記」

1　監査実施年月日　年　月　日
2　監査の期間　年　月　日から　年　月　日
3　監査事項　現金出納事務、諸帳簿類の整備状況、現金および預金の管理状況
4　監査結果　諸帳簿、帳票類を照合した結果、適正に処理・管理されていることを確認します。
5　指摘事項

（会計監査署名・捺印）

○○自治会長（町内会長）様

第八章　加入および脱退

第二四条　加入
会に加入しようとするものは、組長、ブロック（棟）長または会長に届け出るものとする。自治会（町内会）の区域に入居した世帯または開業した事業所があったときは、会は、その世帯または事業所にこの会の趣旨を説明し、加入の案内をするものとする。

私たちはすでに第二条で会員の資格を規定して、自治会・町内会の区域のなかにある全世帯、全事業所が会員となる資格をもつとしました。それは自治会・町内会という組織が、その設置された地域区画（領域）について共同で管理する機能をもち、そのために下される意思決定に、基本的には全関係者が影響を受ける関係にあることにもとづいています。そうだからこそ、全開係者がその決定についての発言権を確保することが必要なのです。この意味で、全世帯加入の原則は、住民の義務でなく権利ととらえられるべきものです。ただ、第二次大戦中の町内会や部落会が国民統制のために全世帯加入制をとったことが、加入を「強制」と受け取らせる意識の背景となっています。地方自治をめぐっては、住民自治と国家統制との緊張関係がつねに存在しており、権利の主張なしには自治も守れないことは、上記の歴史の中で、われわれ自身が学んできたところです。他方、近隣関係でも、完全な私的自由が認めがたくなってきていることは、都市化のもとで、土地の開発規制や交通規則が受け入れられている点に見られるとおりで、そうであれば、各自がもつ権利を主張しあい、そうしてえられた合意事項を共同生活のルールとしてみんなで尊重していくことは、今度は住民の義務となってくるのです。

このように、自治会・町内会への加入が住民の権利であるとすれば、新たな加入については、住民自身の要求（手続きとしては「届け出」）によってなされるべきものといえます。そして、自治会・町内会としては、住民にその権利があることを伝え、その権利行使を助け、保障しなければなりません。本条は、このような趣旨にもとづいて規定されています。

とはいえ、現実には、住民はこの会に加入することをなお必ずしも権利と意識しておらず、したがって届け出による加入の制度は、加入してもしなくてもいい制度と誤解され、加入率が低いままになることが懸念されます。そのためにも、転入世帯には、この地域の自治会・町内会がどのような活動をしているかを説明することが大切です。近年は、転入の手続きに来た住民に、行政の窓口で案内のチラシなどを渡すところも増えているようですが、加入を迷っている住民には、市内一律の内容では説得力がなく、自分の地区の自治会・町内会が何をしているかの具体的な説明が必要です。そのために、自治会・町内会の担当者が規約や総会資料（予算決算が記載されているもの）などを持参して説明し、顔見知りとなる機会とすることは、たいへん意味のあることです。こうした努力によって、自治会・町内会は住民の目に見えるものとなり、それは新しい地域への不安を抱える新住民に、この地に暮らすことについての安心感を与えるものともなります。

新来住民への加入の案内を義務づけるような規定になっている点についていえば、新来住民との接触が任意や恣意《しい》にもとづくものでないことを明示するものとなり、役員の働きかけを容易にすることをも狙いとしているのです。

第二五条　脱退
会員の脱退は次の場合とする。
⑴会の区域内に居住しなくなったとき。
⑵本人の申し出があったとき。

自治会・町内会への加入が住民の権利だとはいえ、財産管理のために法人格を取得している場合を含めてこの会自体は一つの任意団体であって、これへの加入・脱退は、基本的には住民の自由です。現に、自動加入制であっても強制加入制であっても、会費を払わず、活動にも参加しない住民が存在します。とくにアパートの単身居住者などはとらえどころがなく、初めから世帯ごとの掌握はあきらめて、アパートの持ち主を会員としているところも少なくありません。加入を促すあまり、それを義務であるかのようにいい、これを不審とする住民から市町村役場に問い合わせがいくこともよく聞きます。役場の職員は、「加入しなくてもいい」といえば、自治会・町内会から「非協力的だ。こちらも役場の仕事には協力できない」と抗議され、かといって「義務だ」とはいえず、「住民の自治団体だから、住民どうしで解決してほしい」と、もっぱら逃げの姿勢です。この点は、基本の原理をまず明確にしておくべきで、それは、自治会・町内会への加入はなにものによっても強制されず、脱退も基本的に自由である、ということです。

脱退が問題になるケースは、条文にある二つでしょう。第一は、転居など客観的に会員としての資格を失った場合です。なお、会員は世帯を単位としますから、世帯員のだれかが居住していれば(1)の条件は発生しません。また、独居老人が亡くなったような場合もこれにあたります。

第二は、会への加入になんらかの疑問をいだくなどして、会に参加する権利を自ら放棄する場合です。このケースでは、会の運営方法への批判を含むものであることが多く、こうした脱退者が出ることは、会自らの反省が必要となるでしょう。もちろん、すべての場合に会の運営に問題があるわけではなく、自治会・町内会という組織への無理解に起因するものも、当然あるでしょう。しかし、この場合でも、基本的に必要なことは、こうした住民を会がどのように説得できるかということです。とくによく生じるゆき違いは、自治会・町内会活動の三原則である、①非営利、②

非政党、③非宗派の逸脱をめぐるものです。これらの原則の逸脱は、住民のなかに亀裂や対立をもたらし、全住民が参加、協力すべきこの会を大きく傷つけるものとなります。全世帯加入を強調する人で、これらの原則を自ら逸脱していることに気づかず、非加入の人の自治会・町内会への無理解を非難する場合が少なくないだけに、会の自己反省としてもこの条文を明記しておきたいと思います。

なお、会員が理由なく相当期間にわたって会費の納入をしなかった場合の処置も一つの問題点です。会費の納入は、会員として地域共同の事業に参加することのあかしであり、住民相互の信頼感の物質的な表明です。自治会・町内会の会費は、全住民参加という性格から、なるべく低額でだれでも納入できる金額のものを会員で均等に負担するのが原則です。それだけに、会として了解可能な理由なしに長期にわたって会費の納入がない場合は、他の会員との公平の観点からも問題となり、この場合も、第二の脱退のケースとして扱うことでよいでしょう（会費納入が困難な世帯の減免措置については、第二〇条参照）。

第九章　付則

1　細則の制定
役員会は、この規約を実施するに当って必要がある場合には、細則を定めることができる。役員会は、細則を制定したときは、次の総会に報告し、承認を得なければならない。

2　施行日
規約は、○○年○○月○○日から施行する。

規約の他に細則が必要なときは、役員会は細則を定めることができます。役員会が細則を制定したときは、次の総会に報告して承認を得る必要があります。細則としては、一般的に弔慰金規定、旅費規定などが必要と思われます。

○○自治会（町内会）弔慰金規定

1　会員および家族に弔事が生じた場合、その組長は、会長および他の組長に通知し、それぞれの組長はその組の会員に通知するものとする。

2　弔事が生じた世帯の属する組内の会員は、必要におうじて葬儀の執行に協力するものとする。

3　会員および家族の弔事にたいして、この会より次の弔慰金をおくるものとする。

世帯主　　金○○○○○円　　配偶者　　金○○○○○円

同居家族　金○○○○円

4　会員への香典返しはしないものとする。

5　この規定は、○○年○○月○○日から施行する。

○○自治会（町内会）旅費規定

1　役員および事務職員が会の用務のため出張するときは、この規定の定めるところにより旅費を支給する。

2　旅費は、次のとおりとする。

　⑴県外旅費

　⑵県内旅費

3　県外旅費は、交通費、宿泊料として、次の区分によるものとする。

　⑴交通費　実費を支給する。

　⑵宿泊料　一泊　○○○○円（定額または実費支給）

4　県内旅費は、交通費実費を支給する。ただし、宿泊を必要とするときは、県外出張に準ずる。

5　この規定は、○○年○○月○○日から施行する。

あとがき

自治会・町内会の組織や運営の基本を原則的にみなおしてみるときのガイドラインを自治会・町内会の規約の確立に求め、これまで自治会・町内会のあるべき姿を模索してきた私たちで、モデル規約といったものをつくってみました。規約作成にあたっては、多くの自治会・町内会の規約も参考にさせていただいて、なるべくどこでも使えそうなものにしようと努めました。しかし、もちろん、これがすべての場合にあてはまるわけではありません。本書をもとに、あなたの地域の事情をふまえた実用的な規約がつくられていくことを期待しています。

本書は、「はしがき」でも触れたように一九九一年に東海自治体問題研究所町内会・自治会研究部会の所産として上梓されて数回の改訂を経てきました。今回、現今の社会状況の変化にもとづいて再度見直し、改訂新版として編集しました。本書は、左記の三人が分担執筆したものですが、今次の改訂は中田・小木曽で行いました。お世話になりました各位に心からお礼申し上げます。

本書が、住民自治にもとづく自治会・町内会の発展にとってささやかながら一助となることができるならば、それにまさる喜びはありません。

二〇一五年一二月

執筆者

中田　　実（名古屋大学名誉教授）
山崎　丈夫（愛知学泉大学研究所客員研究員・元教授）
小木曽洋司（中京大学現代社会学部教授）

［改訂新版］新 自治会・町内会モデル規約
——条文と解説

2016年1月15日　初版第1刷発行

著　者　中田 実・山崎丈夫・小木曽洋司
発行者　福島　譲
発行所　㈱自治体研究社
〒162-8512 新宿区矢来町123 矢来ビル4F
TEL：03·3235·5941／FAX：03·3235·5933
http://www.jichiken.jp/
E-Mail：info@jichiken.jp

ISBN978-4-88037-645-5 C0036

印刷／トップアート
デザイン／アルファ・デザイン

地域、コミュニティの課題を考える

地域コミュニティ最前線

中田 実・山崎丈夫 編著

血縁・地縁を失った「無縁社会」。いま重要なことは、「地域の崩壊」を言い立てることではなく、「世話焼き（縁のある）社会」をつくることだ。高齢者、暮らし、環境・防災、後継者など、六分野二〇事例に及ぶ住民たちの実践活動を紹介して、自治会・町内会を中心にした新たなまちづくりの可能性を展望する。一八〇〇円

大震災とコミュニティ 復興は〝人の絆〟から

山崎丈夫 編著

災害から立ち直るとき、なぜ人の絆が力を発揮するのか。東日本大震災から二か月後の現地での聞き取り調査と、神戸（阪神・淡路大震災）、山古志村（新潟県中越地震）、奥尻（北海道南西沖地震）の教訓を踏まえ、復興のあり方を考える。それは人間の復興であり、人間が集合する地域コミュニティの再興である。一三〇〇円